CATALOGUE

DES

Tableaux Anciens

DES

ÉCOLES PRIMITIVES

DES XVIIe ET XVIIIe SIÈCLES

GOUACHES — DESSINS — AQUARELLES

MEUBLES ET SIÈGES ANCIENS

Epoques Louis XIII, Louis XV et Louis XVI

MEUBLES DE STYLE

SCULPTURES, BRONZES, OBJETS DE VITRINE

Bustes en marbre de Marie-Thérèse et de la Princesse de Lamballe

TAPISSERIES, TAPIS D'ORIENT

DONT LA VENTE AURA LIEU

HOTEL DROUOT, SALLE N° 11

LE LUNDI 21 NOVEMBRE 1910

à deux heures

Me F. LAIR-DUBREUIL
COMMISSAIRE-PRISEUR
6, rue Favart

M. ARTHUR BLOCHE
EXPERT PRÈS LA COUR D'APPEL
21, boulevard Hausmann

EXPOSITION PUBLIQUE

Le Dimanche 20 Novembre 1910, de 2 heures à 5 h. 1/2

CONDITIONS DE LA VENTE

Elle sera faite *au comptant*.

Les adjudicataires paieront *dix pour cent* en sus des enchères.

L'exposition mettant le public à même de se rendre compte de l'état et de la nature des objets, il ne sera admis aucune réclamation une fois l'adjudication prononcée.

Paris. — Imprimerie de l'Art, Ch. Berger, 41, rue de la Victoire.

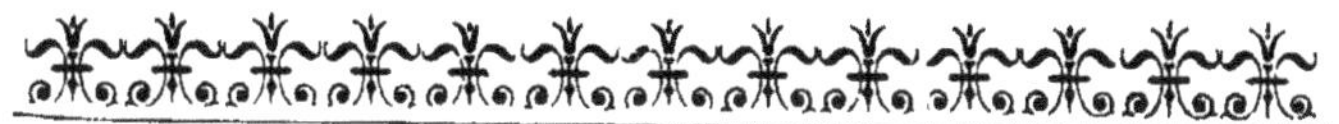

DÉSIGNATION

TABLEAUX
DES ÉCOLES PRIMITIVES

ANTONELLO DE MESSINE (Attribué à)

1 — *L'Assomption de la Vierge.*

Importante composition.
Peinture sur bois des plus précieuses.

DALMAU

2 — *Triptyque.*

Il offre au centre la Résurrection du Christ, sur le volet de gauche sainte Madeleine aux pieds du Christ, sur le volet de droite une Adoration.

Œuvre intéressante dont toute la caractéristique nous autorise à la désigner de Dalmau.

DÜRER (École d'Albert)

3 — *La Vierge tenant le Christ mort sur ses genoux.*

Petite peinture sur bois d'une grande finesse.
Cadre bois noir guilloché.

TADÉE GODDI (Attribué à)

4 — *Triptyque.*

Il offre au centre le Christ en croix et les saintes femmes, sur les volets des saints debout.

Peinture sur fond d'or.

VAN ORLEY (École de)

5 — *La Vierge aux raisins.*

Peinture sur bois, d'une grande finesse et d'un coloris agréable.

ÉCOLE ALLEMANDE (XVIe siècle)

6 — *Saint Gérôme.*

Représenté à genoux devant le Christ ayant à ses pieds les saints Evangiles.

Dans un paysage avec église et chapelle en perspective.

Cadre en bois noir guilloché.

ÉCOLE ALLEMANDE (XVIe siècle)

7 — *Le Christ à la colonne.*

Composition intéressante de plusieurs personnages. Finesse de détails dans les costumes et physionomies très expressives.

Cadre en bois noir guilloché.

ÉCOLE DE SIENNE (XVe siècle)

8 — *Le Christ en croix.*

Entouré des saintes femmes, d'apôtres et de guerriers.

Peinture sur fond d'or.

Cadre ogival en bois sculpté et doré.

ÉCOLE DE SIENNE (XVe siècle)

9 — *Le Mariage mystique de Sainte Catherine.*

Composition de sept figures.

Peinture sur bois à fond d'or. Forme ogivale.

ÉCOLE ITALIENNE (XIVe siècle)

10 — *Tête d'apôtre auréolée.*

Peinture sur fond d'or.

ÉCOLE ITALIENNE (XVe siècle)

11 — *La Vierge et l'Enfant.*

Assise dans une stalle, elle tient l'Enfant Jésus sur ses genoux.

Peinture sur bois.

Cadre architectural.

ÉCOLE DU XVIe SIÈCLE

12 à 17 — *Scènes du Nouveau Testament.*

Peintures sur bois, que nous croyons bien de l'École espagnole influencée par la manière des maîtres flamands. Suite de six tableaux.

1° La Visitation. Composition de deux figures.

2° La Présentation au Temple. Composition de six personnages.

3° La Fuite en Égypte. Composition de nombreuses figures.

4° La Flagellation. Composition de six personnages.

5° La Vierge entourée des apôtres. Composition de treize personnages.

6° Le Baiser de Judas. Composition de nombreux personnages.

ÉCOLE ITALIENNE (XVIe siècle)

18 — *La Vierge, l'Enfant Jésus et Saint Jean-Baptiste.*

En perspective, la Ville Éternelle.

Petit tableau sur bois.

ÉCOLE PRIMITIVE

19 — *L'Adoration de l'Enfant Jésus.*

La Sainte Famille, assistée des anges tenant des cierges et des banderoles à la main, témoigne son adoration autour du divin Fils de la Vierge. Par la porte entr'ouverte de la crèche, on voit, à droite, d'autres personnages.

Peinture intéressante sur bois.

ÉCOLE PRIMITIVE

20 — *Scène de la vie de Saint Laurent.*

Étendu dans un voilier accompagné de deux tortionnaires, passant devant un château fort où deux personnages sont en observation.

Bois.

Peinture à fond d'or gravé.

TABLEAUX ANCIENS

AUDY (J.)

21 — *Course d'obstacles.*

Aquarelle.
Signée et datée.

BOILLY (Attribué à L.)

22 — *Portrait d'Homme.*

Dessin.

BOILLY (École de)

23 — *Portrait d'un Conventionnel.*

BRONZINO (Attribué Au)

24 — *Portrait d'une Dame de qualité.*

Regardant de trois quarts, vêtue d'un riche costume d'apparat orné de pierreries.

CARESME (Attribué à)

25 — *Le Triomphe de Vénus.*

COELLO

26 — *Portrait d'une Grande Dame et de son enfant.*

Représentées debout en costume de cour, parées de joyaux.

Œuvre d'un beau caractère et d'une rare distinction.

Toile.

COOPER (Sidney)

27 — *Vaches au pâturage.*

CRAESBEECK

28 — *La Partie de cartes.*

Tableau d'une touche très poussée et d'un dessin remarquable.

CUYP (Attribué à A.)

29 — *Vaches au pâturage.*

Peinture sur bois.

DAVID (Attribué à)

30 — *Portrait d'un Conventionnel.*

DESPORTES

31 — *Table couverte.*

Pâtés, bouteilles, pain, verres et couverts, lièvre et autre gibier mort au pied d'une terrasse sur laquelle un oiseau est perché.

Grand et beau panneau décoratif.

Toile.

DIÉTRICH

32 — *Portrait d'un Géographe.*

DROOGSLOOT

33 — *La Kermesse.*

Sur la grande place d'une ville de Hollande, une multitude de personnages causent et circulent.

Au premier plan devant une maison rustique, hommes et femmes attablés vident joyeusement leurs verres, chantent, rient et se livrent à des caresses un peu rustiques ; des chiens mangent des restants de festin.

Cette œuvre est certainement une des plus remarquables du peintre par le groupement des personnages, leur expression, la vie et le coloris.

Bois.

Signé à droite du monogramme et daté : *1657*.

DUJARDIN (Attribué à Karl)

34 — *Paysage avec grotte et rochers, animé de figures et d'animaux.*

Toile.

GOYA (Attribué à)

35 — *Les Musiciens.*

Œuvre intéressante par l'expression des cinq personnages que le maître auquel nous l'attribuons a groupés à la manière de Breughel et dont il semble s'être inspiré au point de vue du grotesque.

Bois.

GOYA (Attribué à)

36 — *Les Toréadors.*

Dans un paysage accidenté.

DE HEEM (Attribué à DAVID)

37 — *Plats de fruits, objets de curiosité, verres de Venise.*

Bois.
Cadre en bois noir clouté.

HUBERT-ROBERT (Attribué à)

38 — *Les Baigneuses.*

Charmant tableau.

HUET (École de J.-B.)

39 — *Pastorale.*

JACQUEMART (J.)

40 — *L'Arc de Triomphe.*

Aquarelle.
Signée avec dédicace.

LAGRENÉE

41 — *Le Bon Samaritain.*

Cadre en bois sculpté et doré.

LAIRESSE (GÉRARD)

42 — *Triomphe de Bacchus.*

LALLEMAND (École de J.-B.)

43 — *Paysages avec cours d'eau.*

Deux tableaux se faisant pendants.

LÉPICIÉ

44 — *Tête de jeune garçon.*

Dans une attitude éplorée, les yeux levés vers le ciel.

MAYER (Mlle)

45 — *Portrait de l'auteur en costume bleu.*

MONNOYER (Attribué à)

46 — *Bouquet de fleurs dans un vase.*

MONNOYER (Genre de Baptiste)

47 — *Vase de fleurs, plateau et fruits.*

OTTO VENIUS

48 — *Les Sibylles.*

Suite de sept tableaux représentant : Arnirica, Delphica, Libica, Cumana, Titurtina, Europaea, Sania.

PANINI

49-52 — *Paysages avec ruines, figures et animaux.*

Quatre gouaches intéressantes.
Cadres bois peint en blanc, bords perlés.

PANINI

53-54 — *Ruines de monuments avec figures.*

Deux pendants.
Peintures sur toile.

PETER DE NEEF

55 — *Intérieur d'église.*

Pesonnage de Franck au premier plan.

PRUDHON (Attribué à)

56 — *Le Rêve, symbolisé par une tête de jeune femme blonde.*

Toile ovale.

POURBUS (Attribué à)

57 — *Portrait d'un Gentilhomme.*

Vêtu de velours noir, avec collerette blanche, tenant un livre d'une main et ses gants de l'autre, armoiries en haut d'un côté; à droite, la date de *1570* et l'âge de 37 ans du personnage.

QUOST (E.)

58 — *Bouquet de fleurs.*

RICCI

59 — *Scène de la vie du Christ.*

Composition de nombreux personnages sous les arcades d'un palais.
Toile.
Cadre en bois sculpté et doré.

ROBERT (Léopold)

60 — *La Pêcheuse.*

Les mains croisées, assise sur une pierre au bord de l'eau et contemplant l'horizon.

ROLAND DE LA PORTE

61 — *Les Attributs des Arts.*

SCHENAU

62 — *Portrait de Jeune Prince.*

Dessin.
Signé et daté : *1771.*

SICARD

63 — *Portrait de Femme.*

Signé et daté : *1766.*

TENIERS (Attribué à DAVID)

64 — *La Partie de cartes.*

Composition de neuf personnages réunis dans une salle basse.

Bois

LE TITIEN (Attribué à)

65 — *Le Mariage mystique de Sainte Catherine.*

Composition de quatre figures.

Dessin et coloris agréables.

VAN DER HELST (Attribué à)

66 — *Portrait de Femme.*

En robe noire, avec large col et parements de manches en lingerie ; d'une main s'appuyant sur une table et de l'autre tenant une rose.

Armoirie à droite, avec date : *1664*.

Toile.

VAN OSTADE (Attribué à)

67 — *Intérieur flamand.*

Peinture sur cuivre.

VERNET (École de JOSEPH)

68 — *Mer en furie battant les rochers, avec pêcheurs au premier plan tirant leur barque.*

Toile.

ÉCOLE ANGLAISE

69 — *Marine.*

Toile.

ÉCOLE FLAMANDE

70 — *Vert-vert au couvent.*

Au milieu de sœurs affolées, le perroquet les scandalise par son langage.

ÉCOLE ESPAGNOLE

71 — *Sujet allégorique.*

ÉCOLE ESPAGNOLE

72 — *Tête de Saint Jean.*

Toile.

ÉCOLE ESPAGNOLE (XVIIIe siècle)

73 — *Portrait d'une Dame de qualité.*

Représentée à mi-corps en riches atours de brocart et de dentelle, parée de joyaux, tenant une rose à la main, tournant sa tête presque de face.

Intéressant portrait par les détails et la finesse de touche.

ÉCOLE ESPAGNOLE (XVIIIe siècle)

74 — *Portrait d'un Gentilhomme.*

Représenté à mi-corps, la tête tournée presque de face, avec perruque blonde à frisures tombant sur les épaules, coiffé d'un tricorne de velours noir orné de broderies d'or et de plumes blanches, en habit rouge brodé d'or, tenant à la main un message.

Bon portrait, pendant du précédent.

Toile.

Cadres anciens en bois sculpté, parties dorées.

ÉCOLE FLAMANDE

75 — *La Femme adultère.*

Composition d'une multitude de personnages.

ÉCOLE FLAMANDE

76 — *Intérieur de cuisine.*

Touche claire.

ÉCOLE FLAMANDE

77 — *Nature morte et paysage montagneux animé de petites figures.*

Tableau sur bois d'une conception curieuse et rare, offrant par la douce clarté de son horizon et l'éclat de son coloris, au premier plan, une harmonie des plus intense.

ÉCOLE FLAMANDE (XVIIe siècle)

78 — *Portrait d'Homme en armure.*

Petit tableau ovale sur toile.

ÉCOLE FRANÇAISE (XVIIIe siècle)

79 — *Portrait d'une Petite Fillette.*

En costume blanc, coiffée d'un bonnet en dentelle.

ÉCOLE DU XVIIIe SIÈCLE

80-81 — *Portraits de Gentilhomme à perruque poudrée* et de *Femme en robe blanche brochée à fleurs.*

Avec armoiries et date : *1731.*
Toiles ovales.
Deux pendants.

ÉCOLE DU XVIIIe SIÈCLE

82 — *Portrait d'Homme.*

Pastel.

ÉCOLE FRANÇAISE (XIXe siècle)

83 — *Portrait de Femme.*

Toile ovale.

ÉCOLE FRANÇAISE (XIXe siècle)

84 — *Portrait d'Homme.*

Aquarelle.

ÉCOLE FRANÇAISE 1830

85 — *Moutons au pâturage.*

Toile.

ÉCOLE 1830

86 — *Portrait de Mademoiselle Chatelard, cousine de Louis-Philippe.*

ÉCOLE FRANÇAISE

87 — *Vases de fleurs et monuments.*

Grand panneau décoratif.
Toile.

ÉCOLE HOLLANDAISE

88 — *Portrait de Petite Fille jouant avec un chien.*

Avec armoiries à gauche et inscriptions.

89 — Lithographie en couleur : *Napoléon Ier.*

Cadre à moulures sculptées.

90 — Tableaux omis.

MEUBLES

91 — Secrétaire en noyer et marqueterie de bois, garni de bronzes. Époque Louis XVI.

92 — Commode à trois tiroirs en marqueterie de bois rose, garnie de bronzes. Dessus en marbre. Époque Louis XVI.

93 — Petite table ovale en acajou, d'époque Louis XVI, à tablette d'entrejambe et dessus de marbre, à galerie de cuivre.

94 — Petite console en bois sculpté et peint vert d'eau, parties rehaussées d'or, décor à feuilles de chêne avec glands. Époque Louis XV.

95 — Encoignure ouvrant à deux portes en bois sculpté; dessus de marbre. Époque Louis XVI.

96 — Grande table-bureau à quatre faces en noyer sculpté, d'époque Renaissance; dessus en maroquin rouge.

97 — Petite table à ouvrage Louis XVI en bois de placage, ornée de bronzes.

98 — Grande psyché en acajou. Commencement du XIXe siècle.

99 — Cabinet en bois noir guilloché, plaqué d'écaille et fileté d'ivoire. Époque Louis XIII.

100 — Coffre en chêne sculpté, à figures et cariatides. XVIIe siècle.

101-102 — Deux trumeaux en bois sculpté, dessin rais de cœur et perles avec glaces au milieu et surmontés de peintures de l'École du XVIIIe siècle : Scènes pastorales.

103 — Glace dans un encadrement en bois sculpté, peint et doré, d'époque Louis XVI.

104 — Glace carrée dans un cadre en bois sculpté doré, à feuilles d'eau et perlé.

105 — Glace dans un cadre en bois laqué, fronton à vase. Époque Louis XVI.

106 — Table de salon en marqueterie de bois de couleur, ceinture et moulures en bronze ciselé et doré.

107 — Meuble d'entre-deux en marqueterie de bois de couleur, ouvrant à un vantail, et garni de bronzes; dessus de marbre.

108 — Armoire en palissandre et bois noir, ouvrant à deux portes décorées de panneaux en porcelaine de Chine.

109 — Desserte en palissandre, garnie de bronzes; dessus de marbre vert.

110 — Meuble-cabinet en bois de fer, incrusté de nacre. Travail du Tonkin.

111 — Support en bois sculpté, à figure de faune. Travail italien.

112 — Vitrine plate d'applique en fer mouluré et glaces, à trois étagères mobiles.

113 — Piano droit en palissandre de *Morawski*.

114 — Tabouret de piano en palissandre; dessus en velours rouge.

115 — Secrétaire-chiffonnier en bois de placage et marqueterie, garni de bronzes. Style Louis XV.

116 — Table pliante en bois des Iles, décorée de marqueterie, à figures d'enfants et ornements. Style ancien.

117 — Petit meuble, ouvrant à tiroirs, en marqueterie de nacre et d'écaille. Ancien travail turc.

118 — Deux tabourets de même travail.

119 — Deux sièges en bois tourné, d'époque Louis XIII.

120 — Bois de fauteuil Louis XVI.

121 — Rouet alsacien en bois sculpté.

122 — Chaise longue en deux parties en bois sculpté peint blanc, garnie en ancienne soie rayée. Époque Louis XVI.

123 — Fauteuil en noyer sculpté, d'époque Louis XVI, garni en blanc.

124 — Fauteuil en noyer sculpté Louis XV, garni en ancienne soie brochée fond crème.

125 — Chaise en bois sculpté doré Régence, garnie en velours rouge, dit de Gênes.

126 — Fauteuil en bois sculpté doré Louis XIV, garni en damas de soie rouge.

127 — Deux fauteuils en noyer sculpté, d'époque Louis XV, garnis de soie crème brochée.

128 — Quatre fauteuils Louis XIII en noyer sculpté, garnis de velours grenat et de broderie.

129 — Ameublement de salon en bois sculpté à chimères et incrustations de nacre, garni en soie jaune. Style japonais.

OBJETS D'ART

ET DE VITRINE

130 — Buste en marbre blanc : Marie-Thérèse.

131 — Buste en marbre blanc, grandeur nature, représentant la princesse de Lamballe, en costume drapé et gorge décolletée.

132 — Paire de supports, forme trépieds, en bronze et bronze doré; dessus de marbre. Commencement du XIXe siècle.

133 — Garniture de cheminée en bronze argenté et doré, composée de : une pendule et deux candélabres.

134 — Cartel en bronze doré, de style Louis XVI, avec figure d'enfant tenant un dauphin.

135-136 — Deux tigres en bronze.

137 — Statuette de Bouddha en bronze à patine noire.

138 — Grille d'autel avec portes en fer forgé.

139 — Paon en cuivre gravé d'Orient.

140 — Deux bouteilles en cuivre gravé. Travail oriental.

141 — Vase couvert en cuivre gravé, de même travail.

142 — Seau à eau bénite en cuivre argenté.

143 — Baromètre, cadre octogonal doré, fronton sculpté.

144 — Coffret en bois sculpté, à guirlandes de fleurs dorées.

145 — Coffret en bois de violette.

146 — Deux boites à jeu ou à ouvrage, plaquées de pailles de couleur.

147 — Grande pendule, forme violon, avec socle d'applique en marqueterie de cuivre et d'écaille, style de Boulle, ornée de bronzes.

148 — Buste en marbre : le Dante.

149 — Cave à liqueurs en bois de citronnier; verres et flacons en cristal taillé.

150 — Deux plateaux en bois incrusté du Tonkin.

151 — Grande statuette en ivoire japonais : Pêcheur de crabes.

152 — Groupe en ivoire japonais : le Mirage des œufs.

153 — Miniature : Portrait de femme Louis XVI, vêtue d'une robe blanche.

154 — Deux miniatures : Portraits d'homme et de femme.

155 — Coffre à bijoux, plaqué de nacre. Ancien travail tunisien.

156 — Plateau en filigrane d'argent. Travail albanais.

157 — Deux handjars avec garnitures en argen ciselé. Ancien travail d'Orient.

158 — Fusil ancien, garnitures en argent. Travail sarde.

159 — Sabre indo-chinois, fourreau incrusté de nacre, poignée en ivoire, garnitures en argent.

TAPISSERIES, TAPIS

160 — Panneau en tapisserie-verdure, bordure à fleurs et ornements. XVIIe siècle.

161 — Fragment de tapisserie à grands personnages.

162 — Grand tapis de Smyrne fond rouge, dessin polychrome.

163 — Tapis de galerie de Perse fond rose, dessin à palmettes ; petite bordure crème.

164 — Tapis de prière Chirvan fond blanc ; bordure rose.

165 — Tapis de Ferahan, dessin polychrome.

166 à 169 — Quatre tapis d'Orient, à dessins polychromes.

170 — Quatre bandes en ancien filet et un petit lot de dentelle blanche.

171 — Gilet Louis XVI en soie crème brodée à fleurs.

172 — Dessus de sièges en cuir gaufré et décoré.

173 — Objets omis.

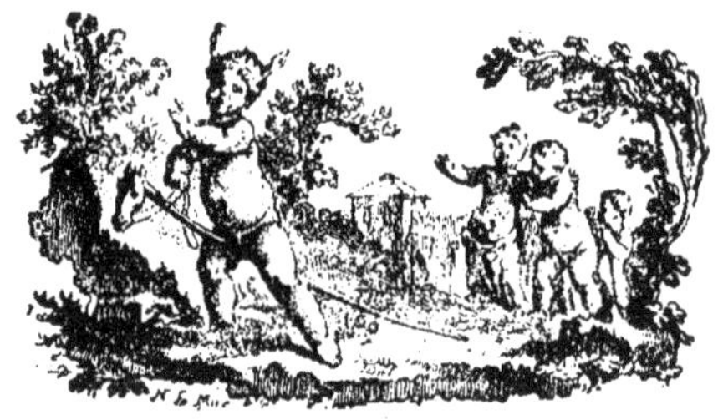

www.ingramcontent.com/pod-product-compliance
Ingram Content Group UK Ltd.
Pitfield, Milton Keynes, MK11 3LW, UK
UKHW020525180726
13839UKWH00005B/2308

9 782329 547176